📖 READERS *en español*

Prenivel 1

El mundo marino
Días llenos de color

Nivel 1

Crías del mundo animal
Gigantes de hierro
Un día en la vida de un bombero

Nivel 2

¡Bomberos!
¡Insectos!
La historia de Pocahontas

Nivel 3

Abraham Lincoln: Abogado, líder, leyenda
Al espacio: La carrera a la luna
Roberto Clemente

Nota para los padres

DK READERS es un convincente programa para lectores infantiles desarrollado por un equipo de expertos en la didáctica del lenguaje, entre los que destaca la Dra. Linda Gambrell, directora de la facultad de educación Eugene T. Moore de la Universidad de Clemson. La Dra. Gambrell también ha sido presidenta de la Conferencia Nacional de Lectura y miembro de la junta directiva de la Asociación Internacional de Lectura.

Combinamos bellas ilustraciones y magníficas fotografías a color con textos entretenidos y sencillos, con el fin de ofrecer una aproximación amena a cada tema en la serie. Cada volumen de la serie DK READERS captará el interés del niño al tiempo que desarrolla sus destrezas de lectura, cultura general y pasión por la lectura.

El programa de DK READERS está estructurado en cinco niveles de lectura, para que pueda usted hacer una elección precisa y adecuada a las aptitudes de su hijo.

Prenivel 1 – Para principiantes
Nivel 1 – Primeros pasos
Nivel 2 – Lectura asistida
Nivel 3 – Lectura independiente
Nivel 4 – Lectura avanzada

Dado que la edad "normal" para que un niño empiece a leer puede estar entre los tres y los ocho años de edad, estos niveles han de servir sólo como una pauta general.

Pero sea cual sea el nivel, usted le ayudará a su hijo a aprender a leer…¡y a leer para aprender!

LONDON, NUEVA YORK, MUNICH,
MELBOURNE Y DELHI

Editora de proyecto Penny Smith
Diseñador Andrew Burgess
Editora Sénior Linda Esposito
Editor encargado de Dirección de Arte
Jane Horne
Editora en EE.UU. Regina Kahney
Producción Kate Oliver
Investigación fotográfica Jo Carlill
Ilustrador Peter Dennis

Asesora de lectura
Linda B. Gambrell, Ph.D.

Versión en español
Editora Alisha Niehaus
Directora de Arte Michelle Baxter
Diseñadora DTP Kathy Farias
Producción Ivor Parker

Traducción Scott Foresman

Primera edición estadounidense 1998
Versión en español de DK, 2006

06 07 08 09 10 9 8 7 6 4 3 2 1

Publicado en Estados Unidos por DK Publishing, Inc.
375 Hudson Street, New York, NY 10014
D. R. © 1998 Dorling Kindersley Limited, Londres
D. R. © 2003 texto en español Pearson Education Inc.

Publicado en Gran Bretana por Dorling Kindersley Limited.

ISBN: 0-7566-2127-5 (pb); 0-7566-2128-3 (hc)

Reproducción a color por Colourscan, Singapur
Impreso y encuadernado en China por L. Rex Printing Co., Ltd.

A catalog record for this book is available from the Library of Congress.

La editorial quisiera agradecer a los siguientes por
su amable permiso para reproducir sus fotografías:
c=centro; a=arriba; b=abajo; i=izquierda; r=derecho
Archive Photos: 3b, 4bd, 18ad, 25, 47ad; **Corbis-Bettmann:** 9bd, 22bd, 30b;
Finley Holiday Film Corporation: 7a; **Frank Spooner Pictures:**
47bd; **Hulton Getty:** 2cd, 26i, 36bd; **Michael Freeman:** 17ad, 24bd,
34bd, 40bd; **NASA:** 1bd, 5, 7bd, 8a, 15, 16b, 20ad, 21, 28bd, 31, 32bd,
37c, 44b, 46a, 46b; **Rex Features:** FC, 4ad, 27bd, 29bd, 32a, 33d, 45bd,
48bd; **Robert Opie:** 30b; **Science Museum/Geoff Dann:** FC;
Science Photo Library: 11, 36ad
Fotografía adicional por James Stevenson.
Todas las otras imágenes © Dorling Kindersley.
Para más información ver: www.dkimages.com

Descubre más en
www.dk.com

Contenido

El viaje a la Luna

Un gran salto para la humanidad

De regreso

READERS

LECTURA INDEPENDIENTE 3

AL ESPACIO:
LA CARRERA
A LA LUNA

En 1961 el presidente de los Estados Unidos se comprometió
a enviar a una persona a la Luna durante esa década. Ésta es
la historia de la etapa final de esa carrera contra el tiempo.

Escrito por Philip Wilkinson

DK Publishing, Inc.

El viaje a la Luna

Tres, dos, uno, ¡despegue!
El cohete de la misión *Apollo 11*
despegó con un estruendo. Una bocanada
de llamas y humo salió de la base cuando
comenzó su arriesgado viaje hacia la Luna.

El presidente Kennedy había prometido
que un ciudadano estadounidense llegaría
a la Luna antes del fin de la década de 1960.
Era el verano de 1969. ¡Los astronautas
pasarían a la historia si la misión tenía éxito!

Pero al comandante Neil Armstrong
le latía con fuerza el corazón en el pecho.
Él y su tripulación sólo tenían un 50% de
probabilidades de regresar con vida a la Tierra.

El despegue
16 de julio de 1969
Los tres astronautas, de
izquierda a derecha, eran
Neil Armstrong, Michael
Collins y Edwin Aldrin.

Armstrong no alejaba la vista del tablero de instrumentos. Miraba cómo cambiaban las luces y los diales a medida que el cohete espacial aceleraba.

Pronto los astronautas viajaban a una velocidad de 25,000 millas por hora, que es 30 veces más rápido que un avión a propulsion. La fuerza de aceleración los empujaba contra sus asientos y casi no les permitía moverse.

Con todos los componentes, la nave espacial era más alta que un rascacielos. La parte más grande era el cohete del combustible. Cuando se agotó el combustible, los astronautas soltaron el cohete y siguieron el viaje en el módulo de comando.

Se desprende el cohete
A los casi 12 minutos, el cohete vacío se separó y cayó a la Tierra.

El comandante Neil Armstrong

Armstrong se volteó para hablar con Edwin Aldrin. Iban a tardar tres días en llegar a la Luna. Armstrong quería repasar los pasos planeados para el alunizaje.

Aldrin había estudiado el espacio durante años. Estaba deseando hacer experimentos y caminar sobre la superficie de la Luna.

Mientras Armstrong y Aldrin trabajaban, el tercer astronauta, Michael Collins, buscaba algo de comer. Como las cosas flotan dentro de la nave espacial, no se puede comer comida común y corriente en un plato. Collins tenía que comer algo que parecía papilla para bebé en una bolsa plástica.

Toda la comida era deshidratada. Sólo había que agregarle agua. Pero los astronautas tenían muchas cosas para escoger, como carne de res y de pollo.

La comida en el espacio
La comida deshidratada se pone pegajosa con el agua. De este modo no hay migas que floten dentro de la nave espacial y dañen los controles.

La nave espacial se dirigía a toda velocidad hacia la Luna. Los tres hombres aprovecharon para descansar. Tenían que conservar sus energías para estar muy alerta a los peligros que les esperaban al aterrizar en la Luna.

En el espacio, el calor del Sol es abrasador. La cápsula tenía que girar constantemente para evitar que un lado se calentara demasiado y se quemara.

A veces los astronautas podían ver la Tierra por la ventanilla. Brillaba y parecía un hermoso disco gigante en el cielo.

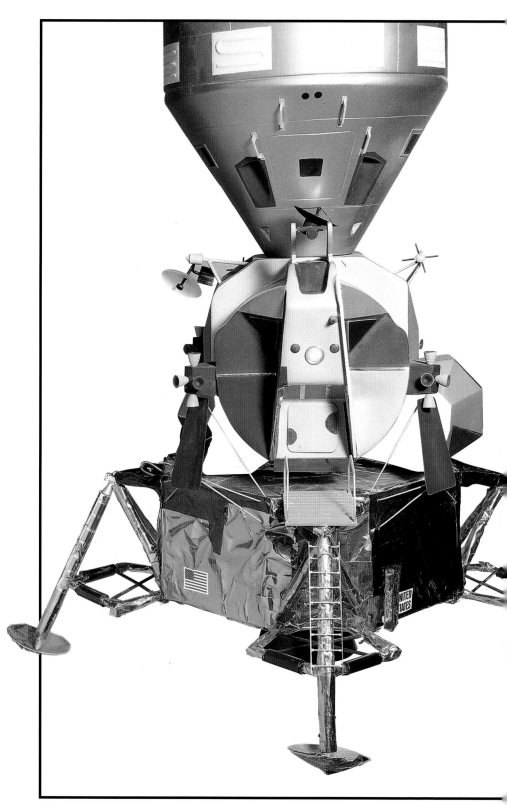

El módulo lunar acoplado al módulo de comando

Los astronautas tenían planeado aterrizar en una zona de la Luna que se conoce como el Mar de la Tranquilidad. Se le llama así pero no es un mar de verdad, porque en la Luna no hay agua.

Desde la Tierra, el Mar de la Tranquilidad parece una llanura: una buena superficie para alunizar.

La nave espacial dio una vuelta alrededor de la Luna y envió imágenes a la Tierra. Entonces llegó el gran momento tan esperado. Dos de los astronautas tratarían de alunizar.

Armstrong y Aldrin se prepararon para salir del módulo de comando y meterse en el pequeño módulo lunar que los llevaría a la Luna. Salieron por la pequeña escotilla de la nave espacial. El módulo lunar recibió el apodo de Águila, pero más bien parecía una araña gigante de metal.

Collins se quedó en el módulo de comando y apretó un botón. Los dos módulos se separaron lentamente. El Águila se dirigió hacia la superficie de la Luna con los dos pasajeros a bordo.

Armstrong y Aldrin pudieron ver la superficie de la Luna con mayor claridad a medida que se acercaron.

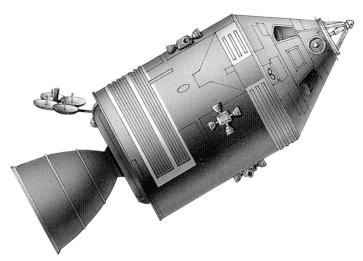

La superficie de la Luna no parecía lo suficientemente plana como para alunizar. Estaba salpicada de cráteres y piedras del tamaño de un auto pequeño. ¡No se veía un buen lugar donde bajar!

El Águila se acercaba cada vez más a la Luna. Una computadora dirigía el módulo. Pero la computadora no podía ver la peligrosa superficie que el módulo tenía por delante y siguió con el plan preparado. ¡El módulo iba a estrellarse contra un inmenso cráter!

Armstrong tomó los controles y comenzó a pilotar la nave manualmente.

Pilotar la nave espacial

El módulo lunar tenía a su alrededor 16 cohetes pequeños para moverlo hacia la izquierda, hacia la derecha, hacia arriba y hacia abajo.

—¿Cuánto combustible nos queda? —le preguntó a Aldrin.

—Ocho por ciento —contestó Aldrin.

Les quedaba muy poco. ¡Tenían que alunizar en los próximos segundos!

Armstrong divisó una superficie plana.
Rápidamente comenzó a hacer bajar la nave.
El polvo lunar se levantó por todas partes
y Armstrong no veía adónde iba.

Entonces oyó la voz de Aldrin que decía
"luz de contacto". ¡Habían alunizado!
Armstrong apretó el botón para detener
el motor. Después envió un mensaje
por radio al Centro de comando en la Tierra.
"El Águila ha alunizado", anunció.

Un gran salto para la humanidad

Neil Armstrong quería salir de inmediato a explorar la Luna. Pero sabía que primero él y Aldrin tenían que preparar la nave espacial para despegar. Tendrían que marcharse de la Luna muy rápido si se encontraban con algún peligro inesperado.

Los astronautas prepararon la nave y se ayudaron mutuamente a prepararse para salir. Se pusieron botas lunares especiales. Se pusieron un casco con visor para filtrar la cegadora luz del Sol.

El traje espacial

Los trajes espaciales son como naves espaciales en miniatura. Tienen todo lo que un astronauta necesita para sobrevivir fuera de la nave, como un aparato de radio, oxígeno y bolsas herméticas para la orina. Los astronautas incluso pueden tomar bebidas dentro del traje espacial.

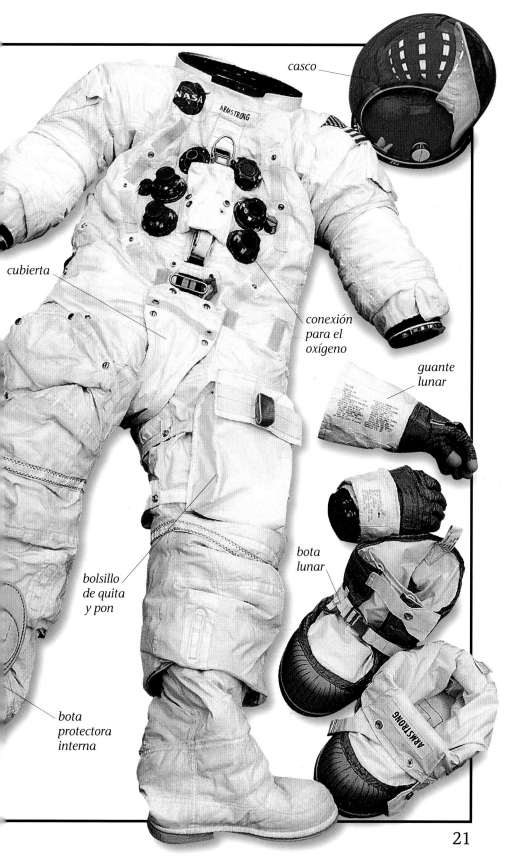

casco

cubierta

conexión
para el
oxígeno

guante
lunar

bolsillo
de quita
y pon

bota
lunar

bota
protectora
interna

21

Cada hombre también llevaba una mochila enorme con oxígeno para respirar. Las mochilas eran pesadas, pero en la Luna todo pesa menos porque la fuerza de gravedad es menor. Los astronautas las cargaban sin dificultad.

—¿Te ayudo con los guantes? —preguntó Aldrin. Los guantes son la última parte del traje espacial que se ponen los astronautas.

Entonces cada uno de los hombres apretó un interruptor. Los motores de las mochilas comenzaron a zumbar. Aldrin sintió cómo se le llenaba de oxígeno el casco. Estaban listos para salir del módulo lunar.

La fuerza de gravedad
Esta fuerza nos atrae hacia el suelo. Cuando la fuerza de gravedad es menor que en la Tierra, nos sentimos más ligeros y flotamos.

Las cámaras del módulo lunar enviaron imágenes de lo que pasaba al Centro de comando en la Tierra. Los científicos vieron cómo Armstrong abría la escotilla y salía del módulo.

Armstrong bajó con cuidado los nueve peldaños de la escalinata. Pudo ver que la Luna estaba cubierta de un polvillo fino. "Casi que parece polvo talco", comunicó por el radio al Centro de comando. Deseó que el suelo fuera firme.

Bajó el último peldaño. La superficie de la Luna era dura debajo del polvo. Armstrong estaba muy entusiasmado. Era el primer ser humano de la historia que pisaba la Luna. Las palabras que dijo a continuación se oyeron en toda la Tierra: "Éste es un pequeño paso para el hombre, pero un gran salto para la humanidad".

Las patas del módulo lunar
Las patas eran anchas para que no se hundieran en la superficie de la Luna. Estaban recubiertas con una lámina de oro para protegerlas del frío.

Neil Armstrong contempló el paisaje desolado. Después tomó algunas fotografías con su cámara.

Recogió rocas con una pala.

A continuación se agachó para recoger algunas muestras del suelo para los científicos de la Tierra. Llenó una bolsa de polvo y agregó algunas rocas.

Armstrong rebosaba de felicidad. Tenía una bolsa llena de muestras del suelo de la Luna. Y ahora por fin había llegado el momento de divertirse. Lanzó suavemente el mango de la bolsa. El mango recorrió una distancia enorme. La fuerza de gravedad de la Luna no lo atraía hacia el suelo.

Aldrin se quedó en el módulo lunar. Miró cómo su amigo se divertía en la superficie de la Luna. —No sabía que podías lanzar tan lejos —le dijo en broma.

El suelo de la Luna
Esta foto muestra un corte de una roca de la Luna. Algunas de estas rocas tienen 4.6 mil millones de años.

Aldrin se moría de ganas de salir de la nave. Por fin le tocó hacerlo. Bajó lentamente la escalera del módulo y pisó el suelo de la Luna. Miró hacia abajo. Sus botas dejaban huellas muy claras.

Juntos, Aldrin y Armstrong clavaron una bandera de los Estados Unidos. Fue difícil meter el mástil en la árida superficie lunar. Pero cuando lo lograron, los dos hombres se pararon con orgullo junto a la bandera.

Entonces Aldrin trató de correr.

Huellas en la Luna
Las huellas de los astronautas permanecerán en el suelo de la Luna para siempre, porque allí nunca hay viento ni lluvia.

Dio pasos gigantescos y brincó como un canguro. Pero le parecía que estaba corriendo en cámara lenta.

Aldrin parado junto a la bandera de los Estados Unidos. Como en la Luna no hay viento, la sujetaron con alambre.

Los astronautas estaban pasando un buen rato cuando recibieron un mensaje por radio desde el Centro de comando: "El presidente de los Estados Unidos quiere decirles algunas palabras".

Armstrong y Aldrin se detuvieron. Se estaban divirtiendo tanto que se habían olvidado de que todo el mundo los estaba mirando por televisión.

El presidente Richard Nixon habló
con los dos hombres: "Todos los habitantes
de la Tierra somos uno en nuestro orgullo
por lo que ustedes han logrado", les dijo.

Entonces los astronautas se pusieron a trabajar. Primero colocaron un aparato para detectar los movimientos en la superficie de la Luna.

Instrumento de medición
Esto mostró que la distancia entre la Tierra y la Luna es de 240,000 millas (390,000 kilómetros): nueve veces más que alrededor de la Tierra.

Esa máquina enviaría la información a la Tierra. También pusieron un instrumento para ayudar a los científicos a medir la distancia entre la Tierra y la Luna.

Los hombres trabajaron durante dos horas y media y después regresaron al Águila a descansar. Tenían que estar atentos para despegar y acoplarse al módulo de comando, que estaba en órbita alrededor de la Luna. Si cometían un solo error, podían perderse para siempre en el espacio.

Armstrong y Aldrin subieron al módulo lunar y cerraron la escotilla. Estaban cubiertos de polvo lunar. Algunos científicos creían que el polvo lunar se quemaría al entrar en contacto con el oxígeno. Pero los astronautas necesitaban oxígeno para respirar. Encendieron el suministro de aire y aguardaron. La cabina se llenó de aire. Pero el polvo lunar no se quemó.

Los dos astronautas trataron de descansar, pero estaban muy ansiosos. Collins estaba en órbita alrededor de la Luna. ¿Lo volverían a ver?

El motor del módulo lunar
El motor del módulo lunar se encendió 7 minutos y 45 segundos, y puso a los astronautas en órbita alrededor de la Luna.

Cuando por fin llegó la hora de marcharse de la Luna, Aldrin apretó el botón para seguir adelante. El motor se encendió. Polvo lunar y escombros se levantaron por todos lados. ¡Habían despegado!

El módulo lunar se desprendió de las patas al despegar.

De regreso

Mientras que Armstrong y
Aldrin exploraban, Collins estaba
en órbita alrededor de la Luna en el módulo
de comando. Durante la mitad de cada
vuelta, estaba en la cara oculta de la Luna,
es decir, del lado de la Luna que nunca
da al Sol. Entonces reinaba el silencio.
Las señales de radio no llegaban. Collins
estaba completamente desconectado de
la raza humana. Nunca nadie había
estado tan aislado.

A Collins le preocupaba que Armstrong
y Aldrin no pudieran despegar de la Luna
o que no pudieran acoplarse al módulo
de comando. Si esto
pasaba, tendría que
abandonar a sus
compañeros y dejarlos
morir en el espacio.

El módulo de comando en órbita alrededor de la Luna

Por fin, Collins vio por la ventanilla que el módulo lunar se acercaba. Maniobró con cuidado el módulo de comando, de modo que las dos naves quedaran alineadas para acoplarse.

Las naves espaciales casi se tocaban. Si hacían un movimiento en falso, podían alejarse para siempre.

Cada segundo parecía una hora. Entonces
sonó un timbre y se oyeron los cerrojos. El
módulo lunar se había acoplado al módulo
de comando.

Armstrong y Aldrin entraron en el
módulo. Por fin Collins se tranquilizó.
Los tres podían regresar juntos a la Tierra.

Los astronautas tardarían tres días
en llegar a la Tierra. En el largo viaje
de regreso recuperaron el sueño perdido.

Por fin atravesaron la atmósfera de la
Tierra, la capa de aire que rodea nuestro
planeta. El exterior de la nave espacial
empezó a calentarse. Se puso 25 veces más
caliente que el horno de una cocina.

La nave espacial estaba recubierta por
una coraza térmica especial. Los astronautas
podían ver por la ventanilla los trocitos de
la coraza que salían volando. Rogaron que
aguantara el calor.

La coraza térmica

Los metales ligeros de la nave
espacial no pueden resistir
temperaturas muy altas. Para
mantenerla fría, la nave
estaba recubierta con una
capa de resina que se derritió
con el calor.

¡Crac! Los astronautas oyeron que se abrían los primeros paracaídas. Esos paracaídas mantienen la nave derecha para su caída a la Tierra.

A continuación se abrió un pequeño canal de ventilación y entró aire a la cabina. El aire dentro y fuera de la cabina era el mismo.

Después se oyó otro fuerte ruido.

—Los paracaídas principales —dijo Armstrong. Ahora la nave bajaba lentamente flotando. Por último amerizaron estrepitosamente en el océano Pacífico.

La tripulación de rescate los recogió pocos minutos más tarde. Los astronautas parecían encontrarse bien, pero era posible que hubieran traído microbios desconocidos de la Luna. Les llegaron trajes de caucho a prueba de microbios. No se podía correr ningún riesgo.

De regreso a tierra firme, los astronautas estuvieron aislados hasta que pasaron una infinidad de pruebas. Los tres permanecieron unas dos semanas en un laboratorio especial sin poder salir.

Supuestamente, sólo los médicos podían entrar en el laboratorio. Pero algunos científicos habían tocado las muestras del suelo

de la Luna sin querer y también tuvieron que quedarse en el laboratorio.

Una cálida noche de verano los médicos anunciaron que los astronautas no tenían ningún problema de salud. Por fin podían salir del pequeño laboratorio y regresar a sus hogares.

Los años siguientes

Después del *Apollo 11*, otras cinco misiones del programa *Apollo* fueron a la Luna. Algunos de los astronautas de estas misiones exploraron la Luna en un pequeño vehículo lunar a pilas.

En 1981 se inventó un nuevo tipo de nave espacial, el transbordador. A diferencia de los cohetes que se usaron en las misiones *Apollo,* el transbordador se puede volver a usar. Tiene una bodega de carga inmensa donde se lleva equipo científico para hacer en el espacio ciertos trabajos que sería imposible hacer en la Tierra.

Neil Armstrong fue director de la Agencia del Espacio en Washington, D.C. Cuando se jubiló, compró una granja en el estado donde nació, Ohio.

Vehículo lunar

El transbordador ha llevado a astronautas a arreglar el telescopio espacial Hubble. Este telescopio nos envía imágenes fascinantes del espacio.

Unos astronautas han vivido meses en estaciones espaciales en órbita. Los satélites enviados desde la Tierra han ido a los límites de nuestro sistema solar.

¿El próximo paso? ¡Las posibilidades son infinitas! ¡Quizá un astronauta irá a Marte!

Edwin Aldrin es ingeniero espacial. Diseña naves espaciales y planea nuevas misiones. Recauda dinero para la investigación espacial.

Michael Collins fue director del Museo Nacional del Aire y del Espacio, en Washington, D.C., uno de los museos más interesantes del mundo.

Glosario

Acoplamiento
Momento en que dos naves espaciales se unen en el espacio.

Apollo 11
Nave espacial que se usó para poner al primer ser humano en la Luna.

Astronauta
Hombre o mujer que ha recibido preparación para viajar al espacio.

Atmósfera
Capa de aire y otros gases que rodean la Tierra y otros planetas.

CapCom
Persona del Centro de comando que habla directamente con los astronautas. CapCom es la abreviatura de *Capsule Communicator* (comunicador de la cápsula).

Centro de comando
Lugar en Houston, Texas, desde donde los científicos dirigen los vuelos espaciales y asesoran a los astronautas.

Coraza térmica
Material que protege el exterior del módulo de comando. Esta coraza mantiene fría la nave cuando se acerca a la Tierra.

Espacio
Enorme zona que rodea y se encuentra más allá de la Tierra, donde están los planetas y las estrellas.

Gravedad
Fuerza que atrae los objetos al suelo y no permite que salgan flotando.

Laboratorio
Habitación o edificio donde se hacen experimentos científicos.

Módulo de comando
Parte de la nave espacial donde los astronautas vivieron y trabajaron durante su viaje desde la Tierra a la Luna.

Módulo lunar
Nave espacial que usaron los astronautas para aterrizar en la superficie de la Luna.

Nave espacial
Cualquier vehículo diseñado para viajar en el espacio.

Órbita
Vuelta completa alrededor de un planeta como la Tierra.

Índice